UNANTASTBAR

JANIFER LEPARALEEN, 27,
SAMBURU.
MARALAL, KENIA.

UNANTASTBAR

VON DER WÜRDE DES MENSCHEN

FOTOGRAFIEN
GÜNTER PFANNMÜLLER

ESSAYS WILHELM KLEIN

VORWORT WADE DAVIS

ZWEITAUSENDEINS

VORWORT

WADE DAVIS

Auf den ersten Blick wirken Form und Inhalt dieses exquisiten Buches, zumindest für den Ethnologen, leicht irritierend. Schließlich ist Würde nicht ein Wesenszug eines Volkes, sie ist eine Charaktereigenschaft von Individuen, und in jeder Kultur gibt es Menschen, die sie haben, und Menschen, die sie nicht haben. Würde ist schwer zu fassen und nicht messbar. Sie ist nicht nur in abgelegenen Winkeln ferner Länder zu finden, sondern auch auf den Straßen unserer Städte. Ein würdevoller Mensch – sei er nun Stammesältester der Rendille, Schamane der Barasana, wandernder Sadhu, Varietédarsteller oder Banker in New York – hat Ausstrahlung; er ist aufgeschlossen und mit einer Präsenz des Seins ausgestattet, die uns magnetisch zu ihm hinzieht. Man will seinem Schatten folgen, im Glanz seiner Integrität baden.

Die Idee, dass Würde etwas ist, was man suchen müsse, oder dass wir erstaunt sein müssten, wenn wir ihr Vorhandensein bei Völkern bemerken, die für uns genauso exotisch sind wie wir für sie, ist überraschend. Die Autoren bewegen sich hinsichtlich ihres Stils wie auch der Wahl der Form und der Technik auf einem sensiblen Terrain.

Fotografie und Anthropologie wurden im gleichen Jahrzehnt flügge, und das ganze 19. Jahrhundert hindurch diente vor allem die Kamera als ein Instrument, um die Exotik anderer zu übertreiben, die Kluft zwischen den Kulturen zu verbreitern und ein sozialdarwinistisches Denkschema durchzusetzen, in dem stets das viktorianische England an der Spitze der kulturellen Erfolgsleiter zu finden war. Als Wissenschaftler Brustumfang und Schädelgröße einer Unzahl von Ureinwohnern vermaßen, was Michael Taussig nachsichtig die »Penis-Schule der Anthropologie« genannt hat, waren stets Kameras dabei, die im Profil und von vorne die perplexen Gesichter der Personen festhielten, die immer einzeln vor einem neutralen Hintergrund standen, wodurch die Szene den düsteren Anstrich und Anschein wissenschaftlicher Objektivität bekam. Selbst heute fällt es schwer, das Porträt eines Eingeborenen – so wunderbar es sein mag – zu betrachten, das isoliert vor einem solchen Hintergrund aufgenommen wurde, ohne an die schmutzige Geschichte zu denken, als die Wissenschaftler der anthropometrischen Fehleinschätzung des Menschen frönten.

Das transportable Studio mit seinem neutralen Hintergrund, als ob es ohne Text und Geschichte wäre, erinnert an die gemalten Hintergründe der Frontier-Fotografen des amerikanischen Westens, die Geronimo und Sitting Bull in der Niederlage, in ihrer stoischen Indifferenz und resignierten Größe einfingen und einfroren, die nicht das Charakteristikum ihres Volkes waren, wie diese Bilder uns glauben ließen, sondern vielmehr die Folge hundertjährigen unglaublichen Leids. Edward Curtis betrachtete die Fotografie als eine Rettungsoperation, bei der die Dargestellten mit der expliziten Intention Modell standen, die letzten Überreste dessen festzuhalten, was er als eine zum Untergang verurteilte Welt ansah. Seine Sepia-Fotos haben etwas Vergängliches, wie es auch die Kultur der Abgebildeten war. Curtis gab im Rahmen seines Bildausschnitts dem Leben, das er dokumentierte, einen Kontext des Unwiederbringlichen. Bei den hier gezeigten Fotos stoßen wir in erster Linie auf die Form, es sind Porträts, aufgenommen mit den technischen Mitteln unserer Zeit, die so stilvoll wie die eines eleganten Modemagazins sind.

Unerwarteterweise gewinnen diese Bilder dadurch und werden durch die Intensität und die Aufmerksamkeit der Abgebildeten und der Künstler ins Sublime gehoben. Die Sensibilität ist offensichtlich und die bewusste Entscheidung für diese Methode – trotz des Risikos, mit der Vergangenheit verglichen zu werden – erlaubte es ihnen, die inhärenten Grenzen der Technik zu transzendieren. Auf diese Weise werden ganz verblüffend Ort und Geschichte heraufbeschworen, die sich geheimnisvollerweise nicht in den Details oder der Szenerie offenbaren, sondern in der juwelengleichen Qualität der Fotos selbst, der reinen Schönheit des Lichts, dem Wunder eines Blickes oder Lächelns, die den Keim eines Volkes isolieren. Es sind Bilder, die die Essenz der so hervorragend porträtierten Individuen, den eigentlichen Geist der Kultur, in die sie geboren wurden, auf wundersame Weise vermitteln. Selten hat natürliches Licht so viel auf Film geoffenbart.

Wenn man die Fotos betrachtet, die tanzenden Mädchen aus Rajasthan, die Karo-Jäger aus Äthiopien, die Samburu-Krieger der Savannen Nordkenias, sollte man nicht vergessen, dass jeder dieser Menschen eine Geschichte hat, ein Netzwerk von Verwandtschaftsbeziehungen, einen Platz in einer gesellschaftlichen Organisation, die den Vater mit dem Sohn verbinden, die Schwester mit dem Cousin, den Ehemann mit der Ehefrau. Kurz, dass jeder eine Rolle in der Saga seines Volkes spielt. Alle hier porträtierten Männer und Frauen wuchsen von Regeln eingeschränkt auf, von der Wildnis berührt, mit dem Saatkult, dem Jagdzauber und der Heilkraft der Pflanzen gesegnet. In Tempeln und auf Feldern, auf Berghängen und in der Schattenwelt der Träume lernten sie die Wege und Weisen der Geister, die Textur der Seele, die Bedeutung der Sterne kennen. Flüsse durchziehen ihre Heimat, Wälder bieten Schutz vor dem schrecklichen Himmel, die Luft ist erfüllt von den berauschenden Möglichkeiten des Lebens. In den Häusern aus Gras und Stein werden Kinder geboren, wachsen Jugendliche heran, verbinden sich Liebende und werden die Alten in das Reich der Toten begleitet.

Es sind die Gesichter der Menschheit, eine kleine Auswahl aus der Bandbreite menschlicher Vorstellungskraft, die von der Kultur hervorgebracht wurde. Wenn wir uns diese Fotos ansehen, sollten wir daran denken, was verloren geht, wenn wir von einer bunten Welt der Vielfalt in die einfarbige Welt der Monotonie driften.

Als unsere Väter und Mütter geboren wurden, wurden auf der Erde vielleicht 6000 Sprachen gesprochen. Eine Sprache ist natürlich mehr als lediglich ein Haufen Wörter, sie ist ein Blitz des menschlichen Geistes, das Vehikel, durch das die Seele einer Kultur in die materielle Welt tritt. Heutzutage wird von den noch gesprochenen Sprachen gut die Hälfte nicht mehr in den Schulen unterrichtet – sie sind in Wirklichkeit bereits tot –, und nur 300 Sprachen werden von mehr als einer Million Menschen gesprochen. In hundert Jahren werden vielleicht nur noch einige hundert Sprachen lebendig sein. Wir verlieren die Vielfalt der menschlichen Erfahrung und damit die Fähigkeit der Menschheit, die gemeinsamen Probleme, vor die wir uns alle gestellt sehen, zu bewältigen.

Betrachten wir also diese Fotos, die das Produkt langer und ernsthafter Arbeit sind, als ein Geschenk, das uns vor Augen gelegt wurde, um uns an die harte Realität und eine keimende Hoffnung zu erinnern. Über der Erde lodert ein Feuer, das Pflanzen und Tiere, Kulturen, Sprachen, alte Fertigkeiten und visionäre Weisheit verschlingt. Diese Flammen zu ersticken und die Poesie der Vielfalt wieder zu erfinden ist die bedeutendste Herausforderung unserer Zeit.

AUF DER SUCHE NACH DER WÜRDE DES MENSCHEN

DAS ZEITLOSE ANTLITZ DER MENSCHHEIT

Welch Meisterwerk ist doch der Mensch, wie groß an Vernunft, wie unbegrenzt an Fähigkeiten, an Gestalt und Geste wie wundersam harmonisch verschmolzen, im Tun wie gleich einem Engel, im Begreifen wie gleich einem Gott: das Schmuckstück der Welt, die Vollendung alles Lebendigen …
William Shakespeare, *Hamlet*

Den meisten von uns ist nur vage bewusst, dass jeder Mensch, gleich welcher Rasse, Nationalität oder welches gesellschaftlichen Ranges auch immer, mit Würde begabt ist. Es ist eine schwer fassbare Eigenschaft, die oft von Armut, Bigotterie und Stolz verzerrt wird. Um sie wahrnehmen zu können, müssen wir das Schicksal der Menschheit aus einem anderen als unserem gewohnten Blickwinkel betrachten. Eine radikal andere Perspektive führt uns zurück zur Entstehung des Lebens selbst, zur Entstehung eines Wesenszugs, der das rein Physische und Chemische transzendiert. Dann nehmen wir nicht nur das Leben wahr, sondern auch eine andere noch geheimnisvollere Eigenschaft als jene, die nur das Belebte vom Unbelebten unterscheidet: das Bewusstsein, lebendig zu sein. Es ist dieses wundersame Gefühl des Lebendigseins, das die Würde der Menschheit belebt. Nach ihm suchten wir – nicht auf eine rationale, wissenschaftliche, sondern auf eine intuitive, wenngleich systematische Weise.

Wenn wir in einen Spiegel oder in das Gesicht unseres Gegenübers blicken, sehen wir ein Individuum, das manchmal angstvoll, manchmal überheblich ist – eine Person, die von den sozialen und politischen Regeln unserer Zeit geformt wurde. Meist verhindern diese Regeln und Sitten, dass wir sein essentielles spirituelles Wesen erkennen. Nur in seltenen Augenblicken der Liebe oder Ehrfurcht, des Mutes oder der Demut vermögen wir hinter den Schleier unserer tagtäglichen Existenz zu blicken und die dahinter ruhende Anmut zu sehen. Doch diese Momente sind kurzlebig, und dann gewinnt wieder unsere gewohnte Perspektive die Oberhand. In diesem Moment, in dem wir den flüchtigen Augenblick mit unserer Kamera festhalten und einfangen, kann Fotografie über sich hinauswachsen. Dann wird dieses unerklärliche Etwas, dieses geheimnisvolle Gefühl des Seins, das außerhalb der Quantifizierbarkeit der Wissenschaft liegt, fixiert und wir können es mit unserem Verstand erkunden und mit unseren Gefühlen erleben.

Wenn wir dieses Buch aufschlagen, finden wir solche Fotos – Bilder vom ewigen Antlitz der Menschheit. Wie auf dem Faden der Zeit aufgefädelt, sind sie in diesem Buch Beispiel für die dauerhafte Essenz des Menschseins. Das offenbart sich genauso in den Gesichtern jener, die scheinbar am Anfang der Zeit leben, wie in der spirituellen Luminosität auf den Gesichtern tief gläubiger asiatischer Mönche und Eremiten.

Diese Fotos bringen uns Auge in Auge mit den Völkern des Ostafrikanischen Grabens, deren kulturelle Verhaltensweisen und Alltagsmuster sich über Jahrtausende nicht verändert haben. Sie zeigen Hirten, die in der ungebrochenen Tradition wechselseitiger Abhängigkeit mit ihren Tieren leben, und Bauern, die sich immer noch als integralen Bestandteil des Bodens begreifen, den sie Jahr für Jahr umpflügen. Es sind Fotos von heute lebenden Menschen, die aber auch zu jeder anderen Zeit der Menschheitsgeschichte hätten leben können.

Viele von ihnen strahlen etwas aus, was religiöse Menschen als die Gegenwart Gottes bezeichnen würden.

DAS LICHT IST DER SCHLÜSSEL

Licht macht die Welt begreifbar. Licht ist Energie und Farbe, Licht ist Wärme. Licht beeinflusst unsere Stimmungen, und im vollen Licht des Tages sammeln wir die Kraft, uns dem Unbekannten zu stellen, dem unausweichlichen Schicksal unserer individuellen Existenz. Licht ist der Mut verleihende Zaubertrank des Lebens. Licht ist auch das Medium der Fotografie – der Schlüssel für unsere Suche.

Davon gingen wir aus, als wir uns daranmachten, unser erstes transportables Studio zu entwerfen. Wir wussten, dass wir mit Licht auf besondere Weise umgehen müssen, um einzufangen und um sichtbar zu machen, was keine Reflexion, sondern ein naturgegebener Wesenszug ist, der aus dem Innern des Menschen leuchtet. Wir mussten eine Situation schaffen, in der das Licht das Erscheinen dieser subtilen Kraft des Lebens weder überdeckte noch verhinderte. Das verfügbare, natürlich-reflektierende Licht, das von nur einer Seite hereinfloss, musste im Studio einen Lichtdom schaffen, dessen Dimension mindestens zehnmal größer sein sollte als der abgebildete Raum.

Wir hatten noch ein weiteres Problem. Menschen neigen dazu, das, was ihnen widerfährt, von ihrem gewohnten Blickwinkel zu sehen, also mit tradierten Wertvorstellungen, vorgefassten Meinungen und mit Vorurteilen zu belasten. Aufgrund dieser Überlegungen war uns klar, dass wir gewohnte Anblicke meiden mussten, die in unseren Köpfen und in denen der möglichen Betrachter bereits in Kategorien geordnet sind. Uns war auch bewusst, dass Vorurteile nicht nur im Kopf des Betrachters existieren, sondern auch bei der fotografierten Person. Folglich suchten wir nach Menschen außerhalb der Industriegesellschaften, die noch immer im Einklang mit und betroffen von der Natur leben, oder nach solchen, für die die spirituelle Existenz das Wesen des Lebens ausmacht. Wir vermieden es mit Absicht, Menschen aus der zeitgenössischen Gesellschaft des Westens zu fotografieren. Das soll nicht heißen, dass im westlichen Empfinden eine vergleichbare menschliche Würde oder ein spirituelles Gefühl des Seins nicht vorhanden ist. Es ist nur so, dass es uns durch unsere eigene Konditionierung wesentlich schwerer gefallen wäre, die Würde dieser Menschen zu entdecken und festzuhalten.

Uns war klar, dass wir Menschen, von denen viele unsere schnell schwindende Vergangenheit repräsentieren, nicht in unser hochmodernes Studio nach Deutschland bringen konnten. Deshalb machten wir uns daran, das Studio zu Menschen zu bringen, die, wie man sagt, »am Ende der Welt« leben.

Sechs Reisen über genauso viele Jahre führten uns in drei Regionen: zur Wiege der Zivilisation im äthiopischen und kenianischen Rift Valley, in die abgelegenen Berge des Goldenen Dreiecks im Norden Myanmars und Thailands und in die abgeschiedene Wüste Thar im Nordwesten Indiens.

Statistisch gesehen gehören die Gesellschaften in diesen Regionen zu den am wenigsten »modernen« der Erde insofern, als sich bei ihnen über mehrere tausend Jahre in Bezug auf den Einsatz von Werkzeugen und Techniken wenig geändert hat. Wir zweifelten, ob uns dieses Wissen nicht hinderlich würde, denn auch diese Vorstellung entstammt einem westlichen Fortschrittsbegriff.

Doch das Licht war unsere Rettung. Jeder der vielen – für uns erst einmal gleich aussehenden – Menschen draußen vor dem Studio wurde beim Betreten wie durch einen Zauberstab verwandelt. Der Namenlose und Ununterscheidbare – der oft von Leid verfolgte Bauer – wurde plötzlich einzigartig. Das spürten wir nicht nur sofort, es hinterließ auch seine Spur auf den Filmen.

Im Nachhinein wurde uns klar, dass uns das Fotografieren Hunderter von Menschen in Dutzenden von Dörfern und Camps und ihre überwältigende Gastfreundschaft, Demut und Offenheit leicht dazu hätte verleiten können, das Erlebte zu romantisieren. Doch hinter den unbestreitbar romantischen Vorstellungen, die unsere Reisen anfangs inspirierten, ruhten stets nüchterne Professionalität, harte Arbeit und zähe Entschlossenheit. Sie waren auch nötig, um die unzähligen Hindernisse zu überwinden, die uns bevorstanden. Die Menschen, die wir trafen, standen an der Schwelle zur Moderne, mit ähnlichen Sehnsüchten und Wünschen wie die Angehörigen technologisch fortgeschrittener Gesellschaften. Sie waren westlichem Verständnis nach weniger entwickelt, aber in einem idealen Maß an ihre jeweilige harte Umgebung angepasst. Doch am wichtigsten war: aufgrund ihrer meist unverfälschten Einstellung zur Fotografie betraten sie das Studio ohne vorgefasste Meinung. So wurde es für uns viel einfacher, auf sie zuzugehen und auf Film einzufangen, was in einer geschäftsmäßigen Atmosphäre nicht zu fassen gewesen wäre.

Nach jahrelangem Reisen und Experimentieren mit drei Prototypen transportabler Studios lernten wir, uns das Licht, das wir suchten, nutzbar zu machen, und arbeiteten in technischer Hinsicht zumeist mit einer Hasselblad mit 120-mm-Linse, einem Kodak Ektachrome 100 ASA Film, 1/8 Sekunde Belichtung bei einer Blende von F4. Das hört sich schlicht, ja, fast langweilig an, erforderte aber eine genaue Führung des natürlichen Lichts im Studio. Fast wie durch Zauber entstanden dadurch subtile Farbnuancen, die dann im Dom des natürlichen Lichts zu leuchten begannen.

Verglichen mit den facettenreichen Lichtreflexen, die sich gewöhnlich in unserem Gesichtsfeld befinden, wirkt das sanfte und gleichmäßige Licht in dem transportablen Studio heiter-gelassen. Wie bei der Meditation, wo die Gedankenleere im Kopf zum fruchtbaren Boden für Einsichten jenseits der Oberflächlichkeit wird, erlaubt das kontemplative Licht im Studio feine Farbschattierungen, die normalerweise hinter einem Stakkato zweitrangiger Reflexionen verloren gehen. In dieses Licht getaucht, erscheint die porträtierte Person von ihrer physischen Umgebung losgelöst, während eine geringe Tiefenschärfe, die auf den Augen liegt, einen Wesenszug verstärkt, der das Physische transzendiert. Sofort werden Individualität, Stammeszugehörigkeit, Geschlecht und historischer Augenblick zweitrangig, und sichtbar wird die geheimnisvolle und bleibende Schönheit, die im menschlichen Herzen ruht – die Schönheit des Lebens selbst.

Wir haben es gewagt, einen Blick auf diese Schönheit zu werfen, und als wir zurückkehrten, waren wir von dem Erlebten und den Fotos, von denen viele in diesem Buch sind, selbst zutiefst berührt.

ZEITREISEN

Wenn man den exakten Augenblick zu bestimmen versucht, der die Gedanken und Aktivitäten für ein langfristiges Projekt auslöste, stellt man oft fest, dass nichts voneinander isoliert existiert. Stets führt ein Faden zu etwas Anderem, das noch weiter zurückliegt. Doch manchmal kann man einen inspirierenden Augenblick, die sprichwörtliche Sternschnuppe, festmachen. In unserem Fall geschah das in einer sternklaren Nacht Anfang der 80-er Jahre. Pfanni (wie Günter Pfannmüller von seinen Freunden und Kollegen genannt wird) und ich saßen auf der zerbeulten Ladefläche eines amerikanischen Lastwagens aus dem Zweiten Weltkrieg. Wir hatten gerade die Ava-Brücke auf dem Rückweg nach Mandalay überquert. Nach einem Tag des Fotografierens in den Hügeln von Sagaing waren wir in euphorischer Stimmung. Irgendwie hatten wir das Gefühl, dass wir uns in einer außergewöhnlichen Situation befanden.

Das damals noch Birma genannte Land lag abseits der ausgetretenen Reiserouten und nur wenige Ausländer schafften es weiter als bis nach Rangun. General Ne Wins Regierung hatte kein Interesse, dass Fremde das Volk, mit dem der General den »Birmanischen Weg zum Sozialismus« beschritten hatte, mit neuen Ideen verwirrten. Ein Aufenthalt von sieben Tagen war das äußerste, was Fremden ohne Diplomatenpass gewährt wurde – und das reichte gerade, um im Eiltempo Pagan und Mandalay zu besuchen. Wir umgingen diese Beschränkung, indem sich jeder von uns zwei Pässe zulegte, von denen abwechselnd jeweils ein Satz in der Botschaft in Bangkok zur Bearbeitung lag. Wir flogen alle sieben Tage für zwei Tage nach Thailand, ließen unsere Ausrüstung aber in Birma. Nach unserer Rückkehr machten wir dort weiter, wo wir drei Tage zuvor aufgehört hatten.

Nachdem wir zuvor den APA Guide über dieses »vergessene Land« abgeschlossen hatten, sammelten wir nun Material für einen Bildband. Wir waren völlig fasziniert. Obwohl wir damals bereits fast die ganze Welt bereist hatten, fanden wir Oberbirma noch immer außergewöhnlich. Der Einfluss von Religion und Geschichte auf die Bevölkerung und die atemberaubende Landschaft, durch die sich die Menschen in ihrer kontemplativen Ruhe wie »enteignete Fürsten« bewegten, hatten uns in ihren Bann geschlagen.

Wie so oft besprachen wir auf dem Rückweg zum Hotel die Ereignisse des Tages. Die mondbeschienenen Tempel und Pagoden, die sich im ruhigen Wasser des Irrawaddy spiegelten, tanzten vor unseren Augen. Es gibt einen Sättigungspunkt, an dem Schönheit und Wohlbefinden nicht mehr zu steigern sind, und das war ein solcher Augenblick. Man ringt nach Worten – aber man findet sie nicht, und man weiß, dass das, was man auf Film eingefangen hatte, mehr war als nur eine in der Sonne liegende Landschaft oder das Bild eines weiteren Menschen. Es war ein ungreifbares Gefühl der Spiritualität, in das wir eingetaucht waren.

Was war es, das da durch unsere Tage schien, das diese sanften Menschen von jenen unterschied, die wir unser ganzes Leben lang gekannt hatten? Das dafür angemessene Wort war Würde, etwas, das nichts mit dem Stolz zu tun hat, der aus erzielten Leistungen, aus Besitz an vergänglichen Dingen entspringt. Die Würde, der wir in diesen Wochen in Oberbirma begegneten, war zeitlos – eine Würde, die man nur dort findet, wo Menschen in enger Kommunikation mit der Natur leben, ohne sich um das schrille politische Theater um sie herum zu kümmern, von dem sie unberührt bleiben.

Als wir uns fragten, wie wir diese zeitlose Essenz sichtbar machen könnten, kam uns zum ersten Mal die Idee zu dem transportablen Studio. Später, an der Bar des alten Mandalay Hotels, nach ein paar von Francis, dem freundlichen indischen Barkeeper, mit Eiweiß geschüttelten Rum-Sour, fing Pfanni an, die ersten Entwürfe in sein Notizbuch zu zeichnen. Knapp zehn Jahre lang trugen wir die Idee mit uns, doch es waren zu viele andere Dinge zu erledigen. Nach 1988 und dem blutigen Militärputsch, durch den Birma zu Myanmar

DAS TRANSPORTABLE STUDIO IN PAIN PYIT, SHAN, MYANMAR.

und Rangun zu Yangon wurden, kehrten wir für mehrere Jahre nicht mehr in dieses Land zurück, dessen Bilder uns weiterhin begleiteten und verfolgten. Fünf Jahre später, 1993, kam die Idee von neuem auf, als wir die damals seltene Chance erhielten, durch die Stromschnellen nördlich von Mandalay zu fahren, um den Kachin-Staat zu besuchen und dabei den Oberlauf des Irrawaddy kennen zu lernen.

In der Zwischenzeit hatte Pfanni mit dem Licht im Studio gespielt und die Konstruktion verbessert. Im Herbst 1993 war der Prototyp fertig, er maß etwa vier mal acht mal vier Meter und wog nur knapp 130 Pfund. Aus Zeitmangel hatten wir die neue Konstruktion nicht zu Hause in Frankfurt testen können. Im Laufe der folgenden Jahre stellten wir in leidvoller Erfahrung fest, dass uns dies auch nicht viel genutzt hätte. Die klimatischen Bedingungen in Deutschland sind nun einmal ganz andere als jene, die wir vorfinden sollten. Seit damals haben wir gegen Winde angekämpft, die das Zelt in einen Ballon verwandelt hätten, wären wir nicht in der Lage gewesen, es mit einem Griff winddurchlässig zu machen. Wir erlebten unvergessliche Regenstürme, die genauso überraschend versiegten, wie sie ausbrachen, und uns und unser Zelt nach wenigen Minuten Wolkenbruch in die Knie zwangen. Während des Tages stieg die Temperatur unter dem schwarzen, Licht und Wasser undurchlässigen Zeltstoff oft auf über 40 Grad und zwang uns, unsere Arbeit abzubrechen.

Durch die vorausgegangenen Reisen abgehärtet waren wir ein erprobtes Team. Begleitet wurden Pfanni und ich von meiner Frau Renate, die unsere Campmanagerin wurde, und von Sabine Seitz, Pfannis Juniorpartnerin in seinem Frankfurter Studio, die für die Logistik unseres Unternehmens zuständig war. Bei jeder unserer Exkursionen heuerten wir einheimische Fahrer, Übersetzer und andere Hilfskräfte an und waren so manchmal ein Team von bis zu zehn Leuten.

NACH WIE VOR IN GEFAHR: DIE WÜRDE UND DIE RECHTE DER MENSCHEN

Wir ersuchten um die Genehmigung, nach Myitkyina reisen zu dürfen, und erhielten sie. Nicht einmal vier Wochen nach dem Ende des Krieges im Kachin-Staat stand unser Studio auf dem weiten, windgebeutelten Feld, auf dem das animistische Manao-Fest zum ersten Mal nach 30 Jahren wieder stattfinden durfte. Wir trafen im richtigen Augenblick am richtigen Ort mit der richtigen Ausrüstung ein, um das überschwänglich gefeierte Zusammentreffen der Kachin-Stämme mitzuerleben – ein Fest, auf das sie beinahe zwei Generationen lang gewartet hatten. Die Kachin-Stämme des Goldenen Dreiecks waren jahrzehntelang von der übrigen Welt abgeschnitten. Während Jets und das Internet die Welt enger zusammenrücken ließen, blieben sie in den abgelegenen Bergen ihrer Stammeswelt an der birmanisch-chinesischen Grenze wie in eine Zeitkapsel eingeschlossen.

Unsere Erlebnisse mit den Bergstämmen weiteten unsere Perspektive. Wir kamen 1995 nochmals nach Myanmar zurück, um in der Provinz Sagaing und den noch abgelegeneren Shan- und Chin-Bergen zu fotografieren. Während die Junta in Yangon wegen ihrer Menschenrechtsverletzungen weltweit in der Kritik stand, trafen wir auf Menschen, die sich in der Vergangenheit der Unterdrückung durch die birmanischen Könige und ihrer Statthalter erfolgreich widersetzt hatten und die von der schrecklichen Situation, die sich andernorts im Land entwickelt hatte, unberührt schienen.

Ein Dutzend verschiedener Friedens- und Waffenstillstandsabkommen hatten die Region befriedet und wurden von den Menschen, denen wir begegneten, willkommen geheißen. Aus politischer Sicht war aber der Streit zwischen der birmanischen Mehrheit und den Bergstämmen an der Grenze keineswegs vorüber und ist es noch immer nicht.

Unser letzter Besuch fiel in die Erntezeit und wir spürten die fast festliche Freude der Bauern, endlich den goldenen Ertrag ihrer Reisfelder ernten zu können, ohne auf die Junta oder die Rebellen Rücksicht nehmen zu müssen. Auch die stille Heiterkeit und kontemplative Ruhe in den *kyaungs* (den buddhistischen Klöstern) sagte uns, dass wir bei unserer Suche auf dem richtigen Weg waren. Auf diesen Reisen durch den Norden Myanmars bestätigte sich die unbeschreibliche Fähigkeit der Menschen, sich der Tyrannei zu widersetzen und den natürlichen Fluss des Lebens in Gang zu halten.

Auf unserer Suche nach der Würde des Menschen dokumentierten wir nebenbei auch die Stämme des Goldenen Dreiecks. Das Trans-Salween-Gebiet war wegen des Drogenkrieges, in den der Wa-Stamm noch immer verwickelt war und ist, nicht zugänglich. Wir mussten uns der Region durch die Berge im Norden Thailands nähern, um die Stämme zu fotografieren, die von Myanmar aus nicht zu erreichen waren. Die meisten dieser Stämme leben auf windigen, abgeholzten Berggipfeln oder in Ebenen, in einer Umgebung, die durch jahrzehntelange Brandrodung zerstört wurde. Sie sind arm und von den Regierungen in Bangkok und Yangon vergessen worden. Aber ihre Armut ist nur scheinbar und nur materieller Art. Wie die Stammesangehörigen im Norden Myanmars strahlen auch sie eine warmherzige Menschlichkeit aus, die man in den großen Städten kaum noch antrifft.

DIE WIEGE DER MENSCHHEIT

Im Laufe der Jahre, in denen wir in den Bergen Südostasiens fotografierten, merkten wir, dass wir systematisieren mussten, was wir aufs Geratewohl begonnen hatten, und dass uns ähnliche Aufnahmen aus zwei völlig anderen Lebenszonen fehlten: von Menschen, die in tropischen Dschungeln leben, und von Menschen, die in Savannen und Wüsten zu Hause sind. Deshalb flogen wir im Herbst des gleichen Jahres noch nach Äthiopien. Wir wollten ins Rift Valley, einer geologischen Formation mit hoch aufragenden Bergen, Akazienbaumebenen mit azurblauen Seen und tief liegenden, dampfenden äquatorialen Tälern.

Wir fuhren zum Omo nördlich des Turkanasees. Ethnographen nennen diese Region die Wiege der Menschheit, in der einige Stämme in noch größerer Abgeschlossenheit leben als die Bergstämme des Goldenen Dreiecks. Ihr Leben unterscheidet sich kaum von dem ihrer Vorfahren vor Tausenden von Jahren. Sie sind Jäger, Sammler und Saisonbauern und verlegen ihre Wohnplätze mit den Jahreszeiten. Wir begannen mit den Mursi, einem Stamm, der besonders alte Traditionen bewahrt hat, wie etwa die, dass die Frauen ihre Unterlippen und Ohrläppchen aufschlitzen und mit Tonplatten dehnen.

Wir wussten, es war ein gefährliches Unterfangen. Äthiopiens sozialistische Mengistu-Armee hatte sich erst kurz zuvor aufgelöst und die Soldaten hatten ihre Kalaschnikows überall im Land billig zum Kauf angeboten. Auch der Clankrieg in Somalia war in die Oromo-Region Äthiopiens übergeschwappt. Mehr als einmal mussten wir schnellstens unser Lager abbrechen, um nicht in die Hände von Banditen und Sezessionisten zu geraten, die diese Region zwischen Sudan, Kenia und Somalia zu einer der unsichersten der Welt machen.

Doch es war eine erfolgreiche und rundum so erfreuliche Reise, dass wir unsere Ausrüstung in Addis Abeba zurückließen, da wir sicher waren, sechs Monate später zurückzukehren. Wir kamen wieder und setzten unsere Arbeit dort fort, wo wir sie abgebrochen hatten. Dieses Mal stellten wir unser Studio bei den Tsemay, Karo, Hamer und Borana in Äthiopien auf. Dann fuhren wir über die Grenze nach Kenia zu den Samburu im Süden des Turkanasees.

Trotz der rapiden technischen Entwicklung in der westlichen Welt ist der Wandel an dieser Grenzregion zwischen Äthiopien und Kenia vorübergegangen. Man könnte meinen, in einer bronzezeitlichen Umgebung zu sein, wenn da nicht die vielen Schnellfeuergewehre wären, die alle Männer über sechzehn Jahren tragen. Abgesehen davon aber haben sich die halbnomadischen Stämme mit ihren riesigen Viehherden nicht verändert, weder im Aussehen noch in ihren Sitten und Bräuchen. Sie sind die letzten Repräsentanten unserer Hirtenvorfahren und ein perfektes Beispiel für Menschen, die trotz schwierigster Lebensbedingungen in Würde und in Harmonie mit ihrer Umgebung leben.

VON DER WÜSTE GEFORMT

Als wir damals mit einer halben Tonne Ausrüstung durch eines der ungastlichsten Gebiete der Erde zogen, trafen wir vielfach Menschen, die noch nie ein Foto von sich selbst gesehen hatten. Am meisten berührten uns die oft weisen und kenntnisreichen Alten. Ihre Gesichter waren ausdrucksstark und ihre Würde schien sich direkt von ihrem Verständnis ihres Platzes in der Ordnung des Universums herzuleiten.

Es dauerte nicht lange und wir erkannten, dass wir diesen Aspekt unserer Suche vertiefen mussten, und wir wussten, dass dies nur in Indien passieren konnte. Dazu bot sich uns auch eine besondere Gelegenheit. 1998 fand gleichzeitig mit dem Kamelmarkt in Pushkar auch das Urs-Fest im nicht einmal zwölf Kilometer entfernten Ajmer statt. Zu beiden Anlässen, dem alljährlich stattfindenden Hindu-Fest und dem wichtigsten muslimischen Fest Indiens, wurden Hunderttausende Besucher erwartet, darunter unzählige heilige Männer aus ganz Indien.

Vierzehn Tage lang umfing uns das oft als antagonistisch gesehene religiöse Leben Indiens. Wir zogen mit unserem Studio vom turbulenten Kamellager in Pushkar zum Herz der Sufi-Pilgerstraße, dem Schrein von Khwaja Moinuddin Chisti in Ajmer. Eine Woche darauf befanden wir uns dann in der Einsamkeit des Großen Rann von Kachchh, keine 35 Kilometer von der pakistanischen Grenze entfernt – in einer Region, in der die indische und die pakistanische Armee in ständiger Alarmbereitschaft stehen.

Wir zogen mit einer Nomadenfamilie von Rabari-Hirten durch das ausgedörrteste Gebiet Nordindiens. Und hier schloss sich der Kreis. Wir saßen bei spontaner, direkt aus der Seele der Hirten fließender Bardenmusik um ein offenes Feuer, mit Menschen, die es gewohnt sind, ohne Zelte unter den Sternen zu schlafen, und erinnerten uns an die Nacht unter einem ähnlichen Sternenhimmel, als unsere Suche auf der Ladefläche eines zerbeulten Lastwagens in Birma begann.

MAGIDA, 16, SAMBURU.
MARALAL, KENIA.

WURZELN

DIE STÄMME DES RIFT VALLEY

Wären wir systematisch vorgegangen, so hätte unsere Suche in Afrika beginnen müssen. Doch vor 1995 war das Horn von Afrika, wo wir Menschen zu finden hofften, die wie unsere Vorfahren vor Tausenden von Jahren leben, viel zu unsicher, um es mit unserer Ausrüstung zu bereisen. Der sozialistische Diktator Mengistu Haile Mariam war zwar 1991 aus Äthiopien geflohen, doch der Clankrieg in Somalia griff auf die äthiopischen Provinzen Ogaden und Oromo über und machte eine Reise in den Süden und Osten des Landes unmöglich. 1996 waren wir jedoch bereit, uns allem, was auch passieren mochte, zu stellen. Aki Haddis, unser Kontaktmann in Addis Abeba, war optimistisch und überzeugte uns, dass dies der richtige Zeitpunkt sei, um zu kommen. Einige Fahrer seiner Trekkingfirma waren erst kürzlich am Omo gewesen und hielten die Region für sicher.

Zwei von ihnen kamen mit uns – Getu, ein strahlender, immer optimistischer junger Mann, halb Omoro, halb amharischer Abstammung, und der ältere Workayu, ein ehemaliger Panzerfahrer in Mengistus Armee, der den Ogaden-Krieg überlebt hatte und von Dingen erzählen konnte, von denen niemand im Westen weiß. Beiden war klar, dass dies kein Achtstundenjob sein würde, der endete, sobald wir unser Ziel erreichten. Sie waren unsere Mechaniker, Träger, Hilfsköche, Übersetzer und Wachmänner. Von unseren beiden Mercedes-Jeeps hatte nur einer Allradantrieb; und die Zeit, die wir damit verbrachten, den anderen Jeep durch knietiefen Schlamm und auf abschüssigen Pfaden hochzuziehen, ist legendär. Wenn unser Durchhaltevermögen jemals auf die Probe gestellt wurde, dann auf dieser Reise. Unsere beiden Fahrer machten ihre Sache wirklich gut, und erst im Nachhinein wurde uns klar, dass wir ohne sie niemals durchgekommen wären.

Wir begannen die Reise in gemächlichem Tempo. Auf dem Weg von Addis Abeba nach Arba Minch im Süden zelteten wir am Langano-See und am Abiyata-See, einem Fantasieland im Rift Valley, eingebettet zwischen Bergen, die im Osten über 4300 Meter hoch sind.

In den ersten Tagen ähnelte die Fahrt eher einer Luxussafari als einer Expedition – Spaghetti al Pesto und ein 1989er Barolo für ein Dinner al fresco –, während sich keine fünfzig Meter neben unserer Küche Tausende Flamingos geräuschvoll auf die Nacht vorbereiteten. Ein ostafrikanischer Sonnenuntergang tat den Rest, um uns zu magnetisieren – jeder, der die Umrisse alternder Akazienbäume vor einem in Flammen stehenden Himmel gesehen hat, weiß, wovon die Rede ist. Später übernachteten wir in Arba Minch. Nach den kalten Nächten im Zelt erschien uns die dortige Bekele Lodge wie ein Juwel. Hoch auf einer Bergkuppe zwischen dem Abaya- und dem Chamo-See gelegen, bietet sie einen spektakulären Blick auf Seen und Berge einer unberührten Wildnis. Nach einem leichten afrikanischen Regenguss begannen die Blumen, Büsche und Bäume einen Duft zu verströmen, der alle Parfums der Welt enthielt, einen Duft, der den Verstand paralysierte. Wir wurden von diesem außergewöhnlichen sensorischen Erlebnis völlig gefangen genommen. Als die Nacht anbrach, waren es nicht die sichtbaren Eindrücke des Tages, sondern dieser Duft, der den Tag bemerkenswert machte.

Ein paar Tage später sah alles ganz anders aus. Unsere Autos blieben auf dem Weg zu einer Anhöhe stecken, der eher einem felsigen Trampelpfad denn einer Straße glich. Zum ersten, aber nicht zum letzten Mal mussten wir die gesamte Ausrüstung abladen, und so konnte der eine Wagen den anderen eine steile Böschung hochziehen. Kein Wunder, dass wir eine Woche brauchten, um zum Omo durchzukommen.

Aber erst einmal wollten wir die Dorse in dem Ort Chinche, hoch oben in den Bergen über Arba Minch, fotografieren. Nachdem wir das Studio aufgebaut hatten und bevor wir noch richtig mit dem Fotografieren beginnen konnten, merkten wir aber, dass die Dorse die diebischsten Menschen waren, die wir bis dahin getroffen hatten. Wir mussten unablässig darauf achten, dass nichts von unserer Ausrüstung gestohlen wurde – für Sabine war das eine Prüfung, da sie sich für die über zweitausend Ausrüstungsteile verantwortlich fühlte. Ehe man sich's versah, waren Antenne und Rückspiegel von einem Jeep abgeschraubt und verschwunden. Wir ahnten, was uns erwartet hätte, wären wir geblieben.

Wir verließen Chinche, so schnell wir konnten. Nicht, dass die Dorse uns Angst einflößten, aber sie waren einfach zu geschickt darin, jeden noch so kleinen Gegenstand an sich zu nehmen und damit in der Menge zu verschwinden.

Wir waren immer noch zu nahe an der Zivilisation. Es war an der Zeit, über die Woyto-Brücke zu fahren, dem Nadelöhr, durch das man auf die andere Seite über einen krokodilverseuchten Fluss schlüpft, um sich dreitausend Jahre in der Zeit zurückversetzt zu finden.

SAVANNE AM FLUSS OMO. HIER IST DIE WIEGE DER MENSCHHEIT.

konnten wir endlich Yabello hinter uns lassen. Wir hatten Glück: denn am nächsten Morgen ging auf der Hauptstraße von Yabello, nicht weit von unserem »hoteele«, eine Bombe hoch und tötete einige unschuldige Marktbesucher.

Mit Ausnahme eines alten Wachmannes war das Care-Camp leer; wir mussten also unsere eigenen Sicherheitsleute mitbringen und heuerten in Yabello zwei bewaffnete Milizionäre an, Antana und Jatani, denen wir als Teil ihrer regulären Entlohnung auch ihre tägliche Ration an Qat kaufen mussten. Obwohl unsere Wachen Maschinenpistolen hatten, waren wir uns einig, dass sie bei einem Zwischenfall keinen Widerstand leisten sollten.

Wie so oft zuvor engagierten wir auch hier einen angesehenen Einheimischen als Verbindungsmann und Übersetzer. In Cheru hatten wir einen Borana gefunden, der Englisch sprach, so dass wir auf Amharisch als weitere Vermittlungssprache verzichten konnten. Er war Ratsmitglied seines Clans und ermöglichte es uns, mit den ansonsten unnahbaren Borana in Kontakt zu treten. An den langen Abenden am Lagerfeuer machte er uns mit den feineren zeremoniellen Details des Lebens eines Borana vertraut und erzählte uns bis tief in die Nacht Geschichten über sein Volk.

Wir fotografierten die Borana in ihren Dörfern (in Dabasa Wario, Seite 45) und im Care-Lager bei Dubuluk (Seite 44), aber schon nach einer Woche sahen wir uns in einer ähnlichen Situation wie bei den Mursi im Jahr zuvor. Wir mussten so schnell wie möglich weg, nicht wegen der Borana, sondern weil unsere beiden Milizionäre uns fluchtartig verließen, nachdem sie von dem Gerücht gehört hatten, dass die OLF (Oromo Liberation Front) in der Nähe sei.

Wir packten eilig und fuhren zur kenianischen Grenze. Wir hatten von den Lastwagenfahrern die Tricks gelernt, wie man die Grenzüberschreitung beschleunigen kann. Innerhalb von 24 Stunden waren wir in Kenia, zwar um einige Birr und Shilling ärmer, hatten aber trotz unserer Ausrüstung keine größeren Probleme.

Die Situation in Nordkenia glich der in Südäthiopien. Die Hauptstraße nach Süden kann man nur im Konvoi und mit Militäreskorte befahren. Man sprach auch von kriegerischen Auseinandersetzungen zwischen den Turkana und den Samburu am Südufer des Turkanasees, unserem nächsten Ziel. Wir beschlossen sofort, statt an den See, nach Maralal weiterzufahren, dem inoffiziellen Zentrum der Samburu. Dorthin brauchten wir noch einmal drei Tage über endlose Waschbrettpisten, die die Scheinwerfer aus unseren Jeeps schüttelten. Doch die Strapazen waren es wert.

Die Samburu sind Viehzüchter und leben nach Traditionen, die denen der Hamer und der Massai gleichen. Auch hier geben die jungen Krieger, die *morans*, den Stammesriten ihre Farbe. Da die kenianische Regierung eine stärkere Kontrolle über das Hinterland ausübt als die äthiopische, sind in Nordkenia in der Öffentlichkeit keine Handfeuerwaffen zu sehen. Wie in alten Zeiten sind die Krieger heute noch mit Speeren bewaffnet.

Wir machten das Yare Camp am Rand von Maralal zu unserer Basis. Es wird von dem Schotten Malcolm Gascoigne geleitet, einem Mann, der im Norden Kenias genauso bekannt ist wie Nassos Roussos in Äthiopien. Malcolm machte uns mit Stephen, einem Samburu-*moran* bekannt, der gut Englisch sprach und eine Zusammenkunft der Ältesten seines Clans arrangierte. Es ging gerade die acht Jahre währende Kriegerperiode dieser Generation von *morans* zu Ende, als wir hier eintrafen. Nur zu gerne waren sie bereit, sich noch einmal als *morans* fotografieren zu lassen (Seiten 46 bis 49), als Angehörige eines Standes, von dem sie wussten, dass sie ihn in Kürze aufgeben müssen, wenn sie heiraten, zu Familienvorständen und farblosen Clanältesten werden.

Die Samburu waren der letzte Stamm, den wir noch fotografieren wollten, bevor unsere Reise in Nairobi endete. Es bestand kein Grund zur Eile, und mit Malcolm und Stephen als Übersetzer machte es Spaß, mit diesen jungen Männern zusammen zu sein. Stephens gleichaltrige *morans*, Koynante, Lgolunyi und Topia, alles anerkannte Löwentöter, erschienen im Studio (Seite 48) zusammen mit den jungen Frauen Naidasha, Sitimi und Matanet (Seite 50). Als sie unser Studio betraten, erschienen sie uns, als wären sie geradewegs aus einer mystischen Vergangenheit herübergetreten.

Nach unserer täglichen Arbeit verbrachten wir wunderbare Abende in ihrer Gesellschaft am offenen Feuer und hörten Geschichten aus erster Hand, zum Beispiel wie man Löwen mit dem Speer tötet. Sie erzählten von den endlosen Wanderungen mit dem Vieh über ausgedörrtes Land, von der Suche nach Wasserlöchern und wie sie sich von einer Mischung aus Blut und Urin ernährten. Wenn man ihnen zuhörte, glaubte man, Stimmen aus der Vergangenheit zu vernehmen. Auch jetzt, beim Blick auf die Fotos, kommt es uns manchmal vor, als würden wir über die Zeiten hinweg in die Gesichter unserer Vorfahren schauen.

Wenn man bei der Fahrt durch Ostafrika, von Addis Abeba nach Nairobi, hin und wieder von der Hauptstraße abbiegt, um abgelegene Stämme aufzusuchen, geht man auch heute noch auf eine Zeitreise. Es ist eine Reise in die Welt der Jäger und Sammler, der nomadisierenden Hirten und Bauern. Schwierige politische Verhältnisse, rauhe Reisebedingungen und überall lauernde Gefahren halten jene ab, die komfortabel reisen wollen. Die anderen jedoch werden entlang des Rift Valley finden, was man in dieser Intensität, Vielfalt und Schönheit nirgendwo sonst auf der Welt finden kann.

MARLE LUNGO, 29, HAMER.
TURMI, ÄTHIOPIEN.

Marle Lungo kam zum Markt in Turmi mit einem großen Bündel Brennholz, das sie im Busch gesammelt hatte. Sie wird damit Tauschhandel treiben oder, wenn sie Glück hat, dafür ein paar Birr (äthiopische Währung) bekommen.

ALO MANA, 25, HAMER.
TURMI, ÄTHIOPIEN.

Alo Mana kam mit einem dicken Büschel Heu zum Markt in Turmi, um es gegen ein paar Dinge des täglichen Bedarfs zu tauschen, die man nur in Turmi erhält. Hier findet in einem Umkreis von mehr als 100 Kilometern der einzige Markt statt.

VON LINKS NACH RECHTS: BUNA, 16; GABUSCHE, 17; SHOSHO, 17; AILO, 16; UND LISO, 14; HAMER. TURMI, ÄTHIOPIEN.

Buna, Gabusche, Shosho, Ailo und Liso sind nicht verheiratet. Der Marsch durch den Busch nach Turmi dauert viele Stunden, aber der Marktbesuch ist eine willkommene Gelegenheit, andere zu treffen. Die Hamer sind ein Volk von jungen Menschen mit niedriger Lebenserwartung.

BUNA, 16, HAMER. TURMI, ÄTHIOPIEN.

Für Buna, wie für die anderen Frauen in ihrem abgeschiedenen Stammesgebiet im Südwesten Äthiopiens, ist es ganz natürlich, barbrüstig zu sein. Die vielen Armreifen und Halsketten zeigen, dass sie aus einem wohlhabenden Clan mit großem Viehbestand kommen.

BUNA, 16 (LINKS); UND GABUSCHE, 17 (RECHTS); HAMER. TURMI, ÄTHIOPIEN.

Buna und Gabusche waren zwei von einigen Dutzend junger Hamer-Frauen, die zum Montagsmarkt nach Turmi kamen. Das Dorf Turmi hat nur eine Straße, einen Baum, eine Polizeistation und einige Karawansereien. Für die Frauen aus den Dörfern in der Savanne ist der Ausflug nach Turmi ein Besuch der »großen Stadt«.

TAGASHU COLI, 23, HAMER.
TURMI, ÄTHIOPIEN.

Tagashu Coli ist ein Viehhirte der Hamer. Wie seine Altersgenossen ist er die meiste Zeit mit seinen Rindern in der Savanne. Wenn er mit der Herde unterwegs ist, hat er eine Kalabasse für Wasser, einen Stock, einen kleinen Hocker aus Holz (der ihm auch als Kopfstütze dient) und eine Kuhhaut dabei, mit der er sich vor Regen schützt. Er kaut auf einem Stück Holz, das Zähne und Zahnfleisch gesund erhält.

BORI GADI, 60, JÄGER, KARO.
ROUSSOS CAMP, ÄTHIOPIEN.

Bori Gadi ist einer der Stammesältesten des kleinen Karo-Stammes. Die Karo leben sesshaft in Dörfern am Omo. Sie bauen auf dem steilen Flussufer Gemüse und Getreide an. Die Feldfrüchte tauschen sie bei den Hamer, mit denen sie friedlich zusammen leben, gegen Milch, Blut und Fleisch.

GAO, 17, KARO. DUS, ÄTHIOPIEN.

Gao lebt in dem Karo-Dorf Dus. Der Karo-Stamm wird nicht mehr lange existieren, er zählt nur noch knapp 4000 Mitglieder. Sie ernähren sich hauptsächlich von Sorghum, das auch bei ihren Nachbarn, den von ihren Rindern lebenden Hamer, sehr beliebt ist.

GEGENÜBER: MUNTE, 22 (LINKS); UND GAO, 17 (RECHTS); KARO. ROUSSOS CAMP, ÄTHIOPIEN.

Munte und Gao haben sich bemalt. Um schöner zu sein, benutzen sie einen einfachen Nagel, den sie durch ein permanentes Loch in der Unterlippe stecken.

MARIJA, 23, KARO.
ROUSSOS CAMP, ÄTHIOPIEN.

Die noch ledige Marija ist wie ihre Altersgenossinnen mit einem einfachen Schaffell gekleidet, das sie mit Halsketten und Armreifen aufwertet.
Die meisten jungen verheirateten Frauen, die wir in den Karo-Dörfern sahen, waren schwanger oder hatten gerade ein Kind geboren.

GEGENÜBER, VON LINKS NACH RECHTS: DINA, 18; DULU, 30; KOPINI, 30; GURMARE, 25; UND OKADA, 35; HIRTEN, HAMER. BEI KOLCHO, ÄTHIOPIEN.

Wir trafen Dina, Dulu, Kopini, Gurmare und Okada, als sie mit einer Herde von ein paar hundert Rindern durch die Savanne zogen. Die jungen Männer sind ständig bei dem Vieh. Okada und Gurmare waren bereits richtige Krieger und hatten die »Rindersprung-Initiation« des Stammes hinter sich, mit der die jungen Hamer-Männer ihre Stärke und Agilität unter Beweis stellen.

DIESE SEITE UND GEGENÜBER: LALE AREDA, 35, BAUER UND JÄGER, KARO. KOLCHO, ÄTHIOPIEN.

Lale Areda ist für den Tag gekleidet. Die Farbe verziert seinen Körper, schützt ihn aber auch vor Moskitos und der sengenden Sonne. Er ist auf dem Weg in die endlose Savanne, die sein Dorf umgibt. Die Karo jagen selten mit dem Speer, da Gewehre leicht zu haben sind. Die jüngere Generation hat die traditionellen Jagdtechniken ihrer Väter verlernt.

VIELMEHR IST JEDES MENSCHENGESICHT EINE HIEROGLYPHE, DIE SICH ALLERDINGS ENTZIFFERN LÄSST, JA, DEREN ALPHABET WIR FERTIG IN UNS TRAGEN. SOGAR SAGT DAS GESICHT EINES MENSCHEN, IN DER REGEL, MEHR UND INTERESSANTERES, ALS SEIN MUND: DENN ES IST DAS KOMPENDIUM ALL DESSEN, WAS DIESER JE SAGEN WIRD; INDEM ES DAS MONOGRAMM ALLES DENKENS UND TRACHTENS DIESES MENSCHEN IST.

ARTHUR SCHOPENHAUER,
PARERGA UND PARALIPOMENA,
»ZUR PHYSIOGNOMIK«

AJA, 22, KARO. KOLCHO, ÄTHIOPIEN.

Aja war bei der äthiopischen Armee, um der Abgeschiedenheit seines Dorfes zu entfliehen. Als er zurückkehrte, konnte er sich nicht mehr an das ruhig fließende Leben im Dorf gewöhnen. Als wir abfuhren, bat er uns, ihn zur Hauptstraße mitzunehmen. Er wollte zurück nach Addis Abeba.

NAKITA OLEGOLE, 17,
MURSI. MAKARO,
ÄTHIOPIEN.

Die Mursi-Frauen tragen große Tonplatten in der Unterlippe. In jungen Jahren wird die Lippe aufgeschlitzt, später werden nach und nach immer größere Tonplatten eingesetzt. Für die Mursi, die Männer und die Frauen, sind sie ein Zeichen besonderer Schönheit.

NABOKE, 15, MURSI.
MAKARO, ÄTHIOPIEN.

Mursi-Frauen mögen auch große Ohrplatten. Im Kindesalter werden kleine Platten in einen Schlitz in den Ohrläppchen eingelegt und mit der Zeit durch immer größere ersetzt. Sie können einen Durchmesser von bis zu zehn Zentimetern haben.

KUIJE, 19, KARO. ROUSSOS CAMP, ÄTHIOPIEN.

Kuije, ein Karo-Mädchen aus dem Dorf Kolcho, wird in ihrem Leben noch viele Veränderungen erleben. Alte Sitten und Bräuche verschwinden. Ihr künftiger Ehemann wird kein Wild mehr zum Jagen finden. Die jungen Männer, die vom Militärdienst zurückkehrten, haben neue Ideen ins Dorf gebracht. Der Kontakt mit anderen Kulturen verändert die heimischen Traditionen, nach denen die Alten noch leben.

KIYO WARIO, 48, VIEHZÜCHTER, BORANA. DUBULUK, ÄTHIOPIEN.

Die Borana besitzen Rinder, Schafe und Ziegen. Sie ähneln den Somali und pflegen gleiche Stammessitten. In der Region im südlichen Äthiopien, wo sie leben, fallen im Jahr etwa dreißig Zentimeter Regen. Nur weil die Borana ständig auf Wanderschaft zu den saisonalen Weidegründen sind und sie ein gerechtes Wasserverteilungssystem zwischen den Clans haben, können sie in dieser menschenfeindlichen Umgebung überleben.

WAGO DABASA, 32,
VIEHZÜCHTER,
BORANA. DABASA WARIO,
ÄTHIOPIEN.

Auf der Stirn trägt Wago Dabasa ein *kaltacha,* ein Phallussymbol, ein Überbleibsel aus alter Zeit, als die Borana-Männer den getöteten Feinden den Penis abschnitten und diesen bei der Rückkehr stolz auf der Stirn trugen.

KOYNANTE, 24,
MORAN, SAMBURU,
MARALAL, KENIA.

Koynantes Tage als Krieger sind gezählt, dann wird er seine farbenprächtige Kleidung ablegen müssen. Wenn er heiratet, wird ihm der Vater seinen Erbanteil an Vieh vermachen. Solange Koynante selbst keinen Sohn hat, der *moran* (Krieger) ist, wird er andere *morans* dafür bezahlen, dass sie sein Vieh auf die Weide bringen.

LLACHERDA, 26,
MORAN, SAMBURU.
MARALAL, KENIA.

Llacherda ist stolz auf seine langen Haarflechten. Jeden Tag verbringen die *morans* Stunden damit zu, sich gegenseitig das Haar in feine lange Flechten zu legen und sie in Form zu halten. Sie werden mit einer natürlichen Ockerfarbe behandelt. Die acht Jahre, während sie *morans* sind, sind der Höhepunkt im Leben eines jeden männlichen Samburu.

VON LINKS NACH RECHTS:
NAIDASHA, 15; SITIMI, 17;
UND MATANET, 13;
SAMBURU.
MARALAL, KENIA.

Bis sie heiraten, führen die Samburu-Mädchen ein relativ freies Leben. Naidasha, Sitimi und Matanet tragen die rote Kleidung unverheirateter Frauen. Wie die jungen Männer ihres Alters machen sich auch die Mädchen mit vielfältigem Stammesschmuck begehrenswert.

MAGIDA, 16, SAMBURU.
MARALAL, KENIA.

Magida ist eine unverheiratete Samburu. Sie schmückt Hals und Nacken mit auf Draht gezogenen Perlen. Die Ketten können bis zu zwölf Pfund schwer sein. Im Alter von fünf Jahren erhalten Samburu-Mädchen den ersten Schmuck von ihrem Vater, dann von ihrem *moran*-Freund und später von ihrem Ehemann. Nachdem sie geheiratet hat, wird Magida die Hütte selbst bauen, in der sie und ihr Mann ihre Kinder großziehen werden.

ALS SIE UNSER STUDIO BETRATEN, ERSCHIENEN UNS DIESE MENSCHEN, ALS WÄREN SIE GERADEWEGS AUS EINER MYSTISCHEN VERGANGENHEIT HERÜBERGETRETEN. WENN MAN IHNEN ZUHÖRTE, GLAUBTE MAN, STIMMEN AUS DER VERGANGENHEIT ZU VERNEHMEN. AUCH JETZT, BEIM BLICK AUF DIE FOTOS, KOMMT ES UNS MANCHMAL VOR, ALS WÜRDEN WIR ÜBER DIE ZEIT HINWEG IN DIE GESICHTER UNSERER VORFAHREN SCHAUEN.

MACHUCH LENGUPAE, 36,
SAMBURU. MARALAL, KENIA.

Wie ihr blauer Umhang verrät, ist Machuch Lengupae verheiratet. Bei den Samburu werden Frauen vor der Hochzeit beschnitten.

BRINDA BAN, 54 (LINKS); UND BIMOL SAM, 50 (RECHTS); SADHUS. PUSHKAR, RAJASTHAN.

Brinda Ban und Bimol Sam sind ein tief religiöses brahmanisches Ehepaar. Seit zehn Jahren, seit Sohn und Tochter das Haus verlassen haben, leben sie als Sadhus und ziehen von Ashram zu Ashram, wo sie umsonst essen und wohnen können.

WÜSTENBLUMEN

SADHUS UND HIRTEN DER INDISCHEN WÜSTE

Uns wurde klar, dass wir unser Projekt nicht beenden konnten, ohne Indien mit einzubeziehen. In keinem Land haben sich die Menschen länger mit ontologischen Konzepten, der Suche nach der Essenz des Seins befasst als in Indien. Das Land und seine Menschen sind von dieser Suche geprägt. In Myanmar waren wir mit der Wurde im politischen Kontext der Menschenrechte konfrontiert gewesen. In Ostafrika erlebten wir sie in der bodenständigen, fest mit der Erde verwurzelten Haltung der Menschen. In Indien hofften wir die Würde zu finden, die aus der Verankerung in einer religiösen und philosophischen Dimension erwächst.

Es war in Nordindien, wo Buddha die erste gewaltlose Revolution auslöste, um die Menschen von den Erniedrigungen einer Kastengesellschaft zu befreien. Später waren es dann die islamischen Sufis, die den mit Füßen Getretenen eine neue Aussicht auf Gleichheit boten, und vor noch nicht allzu langer Zeit hatte Mahatma Gandhi dem Kolonialismus auf gewaltlose Weise ein Ende gesetzt. Wenn sich wahre Würde von Stolz unterscheidet und wenn nicht nur Intuition und Gefühl, sondern auch der menschliche Geist dabei eine Rolle spielen, dann ist Indien der Ort, wo man sie findet.

Für unsere Reise in den Nordwesten Indiens gab es noch einen weiteren Grund – die Wüste. Unsere Erfahrungen in Ostafrika hatten uns gezeigt, dass die Wüste die Menschen auf einzigartige Weise prägt. Sie bietet keinen Raum für Unwesentliches, sie transformiert die Menschen und fordert und fördert deren beste Eigenschaften. Deshalb planten wir, durch Gujarats Tharwüste zu fahren, nachdem wir Besucher der muslimischen und hinduistischen Feste in Rajasthan fotografiert hatten.

Schon 1984 waren wir während der Unruhen, die nach der Ermordung Indira Gandhis ganz Nordindien erfasst hatten, in Rajasthan gewesen. Delhi, Uttar Pradesh und Haryana standen vor einem Bürgerkrieg, und wenn auch Rajasthan so friedlich wie eh und je war, war es doch nicht der geeignete Augenblick, um zu fotografieren, was uns auf Anhieb faszinierte. Wir nahmen uns vor zurückzukehren, um uns diese Menschen genauer anzusehen. Die gepflegten, mit an Eitelkeit grenzendem Stolz getragenen Bärte der Männer und die goldenen, glitzernden Ohr- und Nasenringe der Frauen konnten ihre natürliche Anmut und Würde nicht verdecken. 1984 wussten wir noch nicht, dass es 14 Jahre dauern würde, bis sich diese Gelegenheit bot.

Im November 1998 standen in Pushkar und Ajmer zwei bedeutende Feste bevor: der alljährliche Kamelmarkt von Pushkar und das Urs-Fest des wichtigsten Sufi-Heiligen in Ajmer, zu denen jeweils mehr als eine Million Pilger strömen. Es war ein seltenes Zusammentreffen, das zu ein und demselben Zeitpunkt ein breites Spektrum von muslimischen und hinduistischen Gläubigen in Gebiete führen würde, die nur durch eine niedrige Bergkuppe getrennt waren. Während Ajmer die heiligste aller Sufi-Pilgerstätten in Indien ist, ist Pushkar eines der wichtigsten Hindu-Pilgerzentren mit dem wahrscheinlich einzigen noch existierenden Tempel, der Brahma geweiht ist.

Schon Monate vor den Ereignissen fuhren wir nach Pushkar, um Vorbereitungen zu treffen. Mit Hilfe des Vorsitzenden der Gemeindeverwaltung wählten wir einen Standort für das Studio in der Nähe des Kapalishwara-Tempels inmitten des Weidegeländes für die 16 000 Kamele. Was wir als verdorrte leere Weide erlebt hatten, wurde am Tag des Vollmonds von Kartika zum Mittelpunkt einer provisorischen Stadt für Zehntausende Besucher. Unser kubisches, schwarzes Studio stand an der Hauptkreuzung und war von überall zu sehen.

Wie schon Jahre zuvor beim Manao-Fest in Myitkyina kamen auch hier die unterschiedlichsten Menschen von alleine zu unserem Studio; sie waren begierig, sich fotografieren zu lassen. Wir hatten nicht das Problem, die

richtigen Menschen zu finden, sondern unter den vielen, die alle geeignet schienen, bestimmte auszuwählen. Savera (Seiten 61, 63), Gujar (Seiten 64, 75), Schlangenbeschwörer (Seiten 65, 74) und Tänzerinnen (Seite 60) belagerten unser Zelt und wir mussten zwei gebieterisch wirkende Kamelhirten als Wachmänner engagieren, um in Ruhe arbeiten zu können.

Der Tierhandel, der knapp zehn Tage vor Vollmond beginnt, ist für den Markt genauso wichtig wie die religiöse Tradition, von einem der 52 *ghats* (Treppen) des Pushkar-Sees aus ein rituelles Bad zu nehmen. Das Bad im seichten Wasser an *Kartika Purnima* (der Vollmondnacht im November) soll die Gläubigen von all ihren Sünden, selbst von Todsünden befreien. Die Stadt quoll geradezu über vor Menschen: Brahmanen (Seite 91), Swamis, Sadhus (Seiten 68, 69), Sanyassins und Yogis (Seite 70), die wie die beiden frommen Eheleute (Seite 54) von weit her kamen, aus Kalkutta oder Madras. Sie tragen verschiedene Bezeichnungen, sind aber alle auf demselben Weg, der sie ihrer Überzeugung nach zur *moksha*, der Lösung von allen weltlichen Bindungen, führen wird.

Eine andere Gruppe kam weder wegen der Religion noch wegen des Tierhandels zum Markt. Sie bestand aus Menschen, die von einer religiösen Zusammenkunft zur nächsten ziehen und dabei, heilige Männer imitierend, die frisch erworbene Tugendhaftigkeit der gerade sündenfrei gewordenen Gläubigen nutzen, um Almosen zu bekommen. Hermaphroditen, deren Anwesenheit bei bestimmten Anlässen Glück bringt, freiwillige und unfreiwillige Krüppel, die Sadhus werden, um ihre Familien zu ernähren (Seite 73), waren nur einige der vielen, die das Gesicht von Pushkar während des Festes prägten. Ihre Würde und Menschlichkeit, verborgen hinter Kasten- und Ritualdenken und verdeckt vom Staub und Schmutz der engen, glühenden Straßen, leuchtete sofort auf, sobald sie in unserem Studio das Leid und Elend ihrer täglichen Existenz hinter sich ließen.

Zur gleichen Zeit herrschte in Ajmer beim Urs-Fest, mit dem die Wiedervereinigung des Heiligen mit Gott gefeiert wird, eine ganz andere Stimmung. Zum Urs-Fest strömten fast so viele Menschen wie zum Pushkar-Markt. Es findet rund um das Dargah von Khwaja Moinuddin Chisti statt, dem Grab des Sufi-Heiligen aus dem 12. Jahrhundert. Er wird von Moslems, Hindu und Sikhs gleichermaßen verehrt. Der Sufismus, der mystische Aspekt des Islam, hat mit dem Glauben, wie er von den islamischen Revolutionären des Nahen Ostens interpretiert wird, nur wenig gemein.

KAMELE AUF DER PUSHKAR MELA, RAJASTHAN, INDIEN.

MIT HENNA BEMALTE HAND VON CAMELLA, 25, TÄNZERIN, SAVERA. PUSHKAR, RAJASTHAN.

Die Hand von Camella, einer Savera-Tänzerin aus Jaisalmer, ist mit einem komplizierten Henna-Muster verziert. Die Savera-Frauen tanzen nur abends, tagsüber bemalen sie die Hände der Marktbesucherinnen. Ihre eigenen bemalten Hände dienen als Beispiele für ihr Können.

REKO, 21, TÄNZERIN,
SAVERA. PUSHKAR,
RAJASTHAN.

Reko tanzt in einer Savera-Truppe, die bei der Mela auftritt. In Rajasthan tanzen die angesehenen Tänzerinnen zu traditioneller Volksmusik.
Im Gegensatz zu vielen Frauen in Rajasthan, die den Regeln der *purdah* folgen, tragen die Savera-Frauen keine Schleier.

NANU RAM, 40, BAUER
UND KAMELZÜCHTER,
GUJAR.
PUSHKAR, RAJASTHAN.

Nanu Ram kam nach Pushkar, um zwei seiner Kamele zu verkaufen und dafür zwei neue Tiere zu erstehen. Dieses wunderschön geschmückte junge Kamel hieß Raja und galt als etwas ganz Besonderes. Nanu Ram wollte Raja für 35 000 Rupien (ca. 1800 Mark) verkaufen. Kamele können 35 Jahre alt werden.

BARSNAT, 35;
UND MOUNAT, 30;
SCHLANGENBESCHWÖRER,
SAVERA.
PUSHKAR, RAJASTHAN.

Barsnat und Mounat kamen mit einem Savera-Clan von Tänzern und Musikern. Seit über zehn Jahren treten sie auf allen großen Märkten in Nordindien auf. Ihre Schlangen sind nicht gefährlich, da ihnen die Giftzähne gezogen wurden.

ARMUT IST HEUTE ETWAS ANDERES ALS IN ALLEN VORANGEGANGENEN JAHRHUNDERTEN. SIE IST NICHT MEHR WIE FRÜHER DIE FOLGE EINES MANGELS AN NATÜRLICHEN RESSOURCEN, SONDERN SIE ERGIBT SICH AUS DEN PRIORITÄTEN, WIE SIE DEM REST DER WELT VON DEN REICHEN LÄNDERN VORGESETZT WERDEN. FOLGLICH WIRD DEN ARMEN UNSERER ZEIT KEIN MITLEID ENTGEGENGEBRACHT, SONDERN SIE WERDEN ALS ARMSELIGES PACK ABGESCHRIEBEN. DIE KONSUMORIENTIERTE WIRTSCHAFT DES 20. JAHRHUNDERTS HAT ZUM ERSTEN MAL EINE KULTUR GESCHAFFEN, IN DER EIN BETTLER AN GAR NICHTS GEMAHNT.

JOHN BERGER

HUNAMANTA, 35 (LINKS); UND KRISHANA, 22 (RECHTS); BETTLER. PUSHKAR, RAJASTHAN.

Hunamanta und Krishana, zwei verkrüppelte Bettler, haben sich auf Art der Sadhus mit Asche eingerieben. Hunamanta kommt aus Kalkutta, Krishana aus Karnataka. Wegen der vielen mitfühlenden Pilger, die Märkte und Feste wie die Pushkar-Mela besuchen, kommen Bettler aus ganz Indien hierher.

SONATH, 80,
SCHLANGENBESCHWÖRER,
SAVERA. PUSHKAR,
RAJASTHAN.

Sonath trägt seine Königskobras in zwei Beuteln auf den Schultern. Die meiste Zeit seines Lebens ist er als Schlangenbeschwörer kreuz und quer durch den Nordwesten Indiens gezogen. Irgendwo findet immer eine Mela statt, und wenn gerade kein Fest gefeiert wird, muss er einfach nur an einer Straßenecke seine Beutel öffnen, um Zuschauer zu finden.

MANGER, 60 (LINKS); BARJO, 21 (RECHTS); UND DESSEN SOHN RAMES, 3; KAMELZÜCHTER UND BAUERN, GUJAR. PUSHKAR, RAJASTHAN.

Manger kam nach Pushkar, um sieben Kamele zu verkaufen. Barjo hat einen eigenen Bauernhof und ein Kamel. Vater und Sohn waren eineinhalb Tage auf ihrem hochrädrigen Karren zum 90 Kilometer entfernten Markt unterwegs.

SANGO, 4, RABARI.
TUNDAWANDH, GUJARAT.

Sangos Mutter fertigte dieses aufwändig bestickte Hemd. Sein Vater Manda besitzt Kamele, und wenn Sango die fünfstufige Grundschule in Tundawandh abgeschlossen hat, wird er sehr wahrscheinlich ebenfalls Kamelhirte werden.

KAUBEN, 15, RABARI.
TUNDAWANDH, GUJARAT.

Im Gegensatz zu den Kindern der Rabari-Nomaden kann Kauben zur Schule gehen. Für die Kleinen in Tundawandh hat eine neue Ära begonnen. Ihre Väter sind Schaf- und Kamelhirten, während sich ihre Mütter ihren Lebensunterhalt mit Sticken verdienen. Die Älteren können weder lesen noch schreiben.

HIRAMBAI, 25;
UND DANETHA, 30;
HIRTENFRAUEN,
DHANETAH-JATH.
GANDHA, GUJARAT.

Hirambai und Danetha leben in den Marschen des Banni-Gebiets im nördlichen Gujarat, einer Region, die Rinder- und Büffelhaltern vorbehalten ist. Es ist eine Gegend voller Sumpflöcher. Um sich beim Grasen vor der stechenden Sonne zu schützen, müssen sich die Büffel vorher im Schlamm wälzen.

DANETHA, 30,
DHANETAH-JATH,
HIRTENFRAU.
GANDHA, GUJARAT.

Danetha ist eine muslimische Dhanetah-Jath. Die Jath sind ein armer Stamm, der Büffel züchtet. Die Frauen sind meist sehr scheu und lassen sich vor Fremden nicht blicken. Sie sind stolz auf ihren großen goldenen Nasenring, das einzige Wertvolle, das sie besitzen.

CHASSIBE, 30, RABARI. TUNDAWANDH, GUJARAT.

Chassibe verdient ihren Lebensunterhalt mit der Herstellung erlesener Stickereien. Die Frauen sitzen in kleinen Gruppen zusammen und plaudern im Schatten einer Veranda, während sie Blusen und Jacken besticken.

SAHE, 19 (LINKS);
IHRE TOCHTER BAHMU, 4;
HABE, 19 (RECHTS);
DHEBARIA-RABARI.
GROSSER RANN VON
KACHCHH, GUJARAT.

Während die Männer draußen die Ziegen und Schafe hüten, halten die Dhebaria-Frauen das Lager in Ordnung. Sie legen zum Wasserholen weite Strecken zurück, kochen auf kleinen offenen Feuern, kümmern sich um die Kinder und weben und sticken.

HABE, 19,
DHEBARIA-RABARI.
GROSSER RANN VON
KACHCHH, GUJARAT.

Bei den nomadischen Dhebaria-Rabari sind die Männer weiß und die Frauen schwarz gekleidet. Schwarze Wolle gilt als Abfall und lässt sich schwer verkaufen, außerdem ist Schwarz die Farbe der Trauer. Daher versehen die Rabari-Frauen ihre Kleider mit reichen und farbenfrohen Stickereien.

HARPREET KAUR, 18, STUDENTIN, PUNJABI.
SIS GANJ SAHIB, ALT-DELHI.

Harpreet Kaur, eine junge Sikh-Frau, studiert Modedesign und würde gerne eines Tages nach Amerika auswandern. Sie ist mit ihren Eltern aus Ghaziabad gekommen, um im Sis Ganj Sahib, einem der bedeutendsten Tempel der Sikhs, zu beten.

NARUNGEN SINGH, 50, PUNJABI. SIS GANJ SAHIB, ALT-DELHI.

Narungen Singh, ein Sikh, war ehemals Bauer im Punjab und ist jetzt ein *yakrawath* (wandernder heiliger Mann). Den Lebensabend spirituellen Praktiken zu widmen ist üblich für die älteren Menschen quer durch die indischen Religionen. Fünf Merkmale weisen die Mitglieder der Sikh-Religion aus: Sie schneiden sich nie die Haare, führen immer einen Kamm, einen Armreif aus Stahl und ein *kirpan* (Schwert) mit sich und tragen die traditionellen langen Unterhosen.

PARKA SINGH, 52, BAUER, PUNJABI. SIS GANJ SAHIB, ALT-DELHI.

Parka Singh, ein Sikh aus dem Punjab, kam in seiner besten Kleidung in den Tempel. Von jedem gläubigen Sikh wird erwartet, dass er den Sis Ganj Sahib besucht, wenn er in die Hauptstadt kommt.

U THEI THILA, 58,
ABT, BAMAR.
SAGAING, MYANMAR.

U Thei Thila ist Abt des Kani-Klosters in Sagaing. Er wird wegen seiner tiefen religiösen Einsichten verehrt, kann aber auch betörend witzig sein, wenn er Fremde trifft.

DIE FRÜCHTE DER BERGE

BAUERN UND MÖNCHE IM GOLDENEN DREIECK

Das heutige Myanmar, das Birma der Vergangenheit, hat ein schreckliches Jahrhundert hinter sich. Nach den Erniedrigungen während der Kolonialzeit war Birma Schauplatz einiger der brutalsten Schlachten des Zweiten Weltkrieges. Wir im Westen haben vom Heldenmut und Leid der europäischen, amerikanischen, kanadischen und australischen Soldaten, die hier gekämpft haben, gelesen, aber kaum einer weiß etwas über den Kampf und das Leid der birmanischen Bevölkerung in jenen Jahren. Als das Land schließlich seine Unabhängigkeit erlangte, brachte diese statt Frieden und Demokratie einen Jahrzehnte dauernden Bürgerkrieg, und seit den 60er Jahren ist eine vom Militär kontrollierte Regierung an der Macht. Ein halbes Jahrhundert lang hatten die Menschen im Nordosten, vor allem die an der Grenze zu China, wenig oder gar keinen Kontakt mit der Außenwelt.

Birma mit seiner großen Vergangenheit war eine der »rückständigsten« Nationen Asiens geworden. Die vielen Widersprüche Birmas hatten Pfannis und meine Fantasie schon Anfang der 80-er Jahre angeregt. Im Laufe der Zeit hatten wir den größten Teil des Landes bereist, mit Ausnahme der Regionen, die selbst für Regierungsbeamte unzugänglich waren. 1993 sahen wir schließlich Licht am Ende des Tunnels. Die Kommunistische Partei Birmas und ihre bewaffneten Einheiten hatten sich aufgelöst und die meisten anderen Rebellengruppen waren bereit, den Bürgerkrieg zu beenden. Als die Feindseligkeiten aufgehört hatten, waren wir die ersten Ausländer, die eine offizielle Erlaubnis erhielten, den Kachin-Staat zu besuchen.

Unser transportables Studio war fertig und passenderweise sollte im Januar 1994 das animistische Manao-Fest, das traditionelle Treffen der Kachin-Stämme, zum ersten Mal seit Jahrzehnten wieder stattfinden. Wäre alles so wie geplant gelaufen, hätten wir es verpasst. Es sollte am 10. Januar, dem Kachin-Staatsfeiertag, beginnen. An diesem Tag verhandelten wir immer noch vergeblich mit den Behörden in Yangon. Doch Glück kam im Unglück. Am 10., als das Fest hätte stattfinden sollen, wurde der Kachin-Staat von einem mittelschweren Erdbeben heimgesucht. Obwohl es keinen großen Schaden anrichtete, beschlossen die Kachin-Ältesten, die in dem Beben ein böses Omen sahen, das Fest auf den 21. Januar zu verschieben. So hatten wir in Yangon genügend Zeit, die Behörden von unserem Vorhaben zu überzeugen, nach Myitkyina zu fliegen und unsere ersten Aufnahmen in unserem transportablen Studio vorzubereiten.

Der Manao-Festplatz außerhalb von Myitkyina war für uns ein gutes Experimentierfeld. Wir lernten zu improvisieren – manchmal waren die Windböen so stark, dass sie das Studio weggeblasen hätten, hätten wir es nicht mit großen Bambusstangen gesichert und vorgesorgt, dass sich die Seitenbahnen mit einem Griff öffnen ließen. Dies waren lösbare, rein technische Probleme. Was wir während der Festtage erlebten, war einzigartig.

In Myanmar gibt es 135 verschiedene Volksgruppen oder Stämme, die jeweils ihre eigene Sprache oder ihren eigenen Dialekt sprechen. Die meisten leben im Goldenen Dreieck, ein Dutzend im Kachin-Staat. Einige von ihnen wohnen in so entlegenen Bergregionen an der chinesischen Grenze, dass sie schon seit den 30-er Jahren keine Fremden mehr gesehen hatten, und selbst damals war nur wenig über ihren ursprünglichen Lebensstil bekannt. Alle diese Stämme entsandten ihre Vertreter zu dem Ereignis. Die Kachin-Stämme feierten ihre neue, beschränkte Autonomie nach Jahrzehnten des Krieges, der Unsicherheit und Ungewissheit. Zwei Tage lang hörten sie nicht auf, die Trommeln zu schlagen, und eine Gruppe nach der anderen sang ihr »Hora, hora«, während sie um große Totempfähle tanzten, die zur Erinnerung an die Bedeutung des Anlasses aufgestellt waren. Ein Tanz der Sioux in den 60-er Jahren des 19. Jahrhunderts in den Badlands von South Dakota kann nicht viel anders ausgesehen haben.

Die Kachin-Ältesten hatten uns erlaubt, unser Studio in der Mitte des Festgeländes aufzustellen. Wegen seiner Form und Farbe und angesichts der Tausenden von Menschen, die es umlagerten, nannten wir unser Studio die »Ka'ba von Myitkyina«.

Viele Stämme waren vertreten: die Chingpaw, Lisu, Maru, Kaku, Lachik, Rawang und Zaiwa, und alle kamen in ihrer Festtracht. Da waren die zierlichen Lisu-Mädchen (Seite 127), der Rawang-Chef Hkan Jawhkin (Seite 104) und der Chingpaw-Tanzführer Nawlai (Seite 105), Gestalten aus einer Operette des wirklichen Lebens. Wenn man an die jüngere Geschichte der Kachin denkt, waren diese Menschen der sichtbare Beweis für das Durchhaltevermögen, die Unverwüstbarkeit, die es Menschen möglich macht, Härten und Entbehrungen zu überstehen. Wir waren von ihrem natürlichen Charme fasziniert – und wir romantisierten sie. Erst als wir vom Bann ihrer bezaubernden Erscheinungen befreit abfuhren, vermochten wir die Begegnung wieder aus einer sozialpolitischen Perspektive zu betrachten.

All diese Menschen, die wir auf dem Manao-Fest trafen, hätten wir in ihren Dörfern niemals erreicht. Zum Glück gelang es uns, unser Studio in wenigstens einem der Dörfer nahe des Zusammenflusses von Maika und Malika aufzustellen. Wo diese beiden Flüsse sich vereinen, beginnt der Irrawaddy (Ayeyarwady), das Lebensband, das die Nation zusammenhält. Eine der Frauen, die wir dort fotografierten, war Hkaung Nan, eine 120 Jahre alte Maru. Sie wusste nicht, wann sie geboren war, aber das Alter ihrer Schwester, die zehn Jahre jünger und kurz zuvor im Alter von 110 Jahren verstorben war, war offiziell dokumentiert. In dem Dorf gab es auffällig wenige erwachsene Männer. Später erfuhren wir, dass die meisten Männer wie Tausende anderer Kachin in den Minen von Hpakant arbeiteten, in der Hoffnung, auf der Suche nach Jade schnell reich zu werden.

Nach den verzaubernden Eindrücken während des Manao-Fests wurden wir schnell wieder von der Realität eingeholt. Wir waren nach Myitkyina geflogen, wollten jedoch entweder auf dem Fluss oder über Land zurückfahren. Aber davon wollten die Behörden nichts wissen: wir sollten genauso rasch und unbemerkt die Region wieder verlassen, wie wir sie betreten hatten. Wir weigerten uns und schließlich packten wir eines Morgens unsere Ausrüstung in einen alten, zerbeulten Toyota-Pickup, um über selten befahrene Pisten die 240 Kilometer lange Strecke nach Katha am Irrawaddy zu fahren. Trotz des Friedensabkommens, das der Kachin-Führer unterzeichnet hatte, waren in dem Gebiet immer noch Widerstandsfraktionen der KIA (Kachin Independence Army) aktiv. Das KIA-Territorium anonym, rasch und ohne bewaffnete Eskorte in einem alten Pickup zu durchqueren war wohl der sicherste Weg, aus dem Kachin-Staat herauszukommen. Die Idee war gut, und nach mehreren Pannen und einer 14-stündigen Fahrt erreichten wir schließlich spät abends Katha.

EIN KLOSTER IM MORGENNEBEL. MYANMAR.

MA KETHEWG KAING, 12,
SCHÜLERIN, BAMAR.
NATKHAYAIN, MYANMAR.

Mit ihren zwölf Jahren trägt Ma Kethewg Kaing bereits zum Familieneinkommen bei. Sie war auf dem Weg zur nächsten Stadt, um dort Gemüse aus dem kleinen Garten der Familie zu verkaufen.

TIN TUN, 31, FOTOGRAF,
BAMAR.
SAGAING, MYANMAR.

Tin Tun hat ein Fotostudio in Sagaing. Er fotografierte eine buddhistische Initiationszeremonie und trug zu diesem Anlass die traditionelle birmanische Kopfbedeckung, den *gaung baung*, den man heute nur noch selten in der Öffentlichkeit sieht.

BYAR SAR, 20, LISU.
PAIN PYIT, MYANMAR.

Byar Sar lebt noch bei seiner Familie. Man hatte einen Ochsen geschlachtet, und er brachte Fleisch zum Haus eines Nachbarn. Die meisten Lisu sind Christen und kennen, im Gegensatz zu ihren buddhistischen Nachbarn, kein Schlachtverbot.

LUM ZE, 38, MARU.
MYITKYINA, MYANMAR.

Lum Ze kommt aus dem hintersten Nordosten von Myanmar. Die Maru führen in ihren Bergdörfern ein autarkes und isoliertes Leben. Ein Besuch in Myitkyina konfrontiert sie mit einem Lebensstil, der außerhalb ihrer Erfahrungswelt liegt.

IHRE KULTUR, DIE ART, WIE SIE MIT DER NATUR IN STÄNDIGER WECHSELBEZIEHUNG STEHEN, UND IHRE METAPHYSISCHEN BEDÜRFNISSE SIND IN EINEM HARMONISCHEN GLEICHGEWICHT. WENN MAN IHNEN ZUSIEHT, WIE SIE IHREN TÄGLICHEN VERRICHTUNGEN NACHGEHEN, WIRD AUCH DIE UNVERÄNDERBARE GRUNDLAGE MENSCHLICHER EXISTENZ FASSBAR.

VON LINKS NACH RECHTS:
MA YIN NEW, 16; MA NWAY MOE, 14; NI KARAY, 16; UND MA NYUNT YEE, 16; BAMAR. MOKSOBO, MYANMAR.

Ma Yin New, Ma Nway Moe, Ni Karay und Ma Nyunt Yee tragen den Reis vom Dreschplatz zum Dorfspeicher. Moksobo in der Provinz Sagaing (aus der die letzte Dynastie des birmanischen Königshauses stammte) gilt als geschichtlicher Ursprungsort der Bamar (dem Volksstamm der Birmanen).

DAW MYA AYE, 50;
UND DAW THE TIN, 50;
BAMAR.
NATKHAYAIN, MYANMAR.

Daw Mya Aye und Daw The Tin tragen die traditionelle Kleidung der Frauen in der Provinz Sagaing: weiße Blusen und einen *longyi* (Wickelrock), der von Männern wie Frauen getragen, aber in der Taille unterschiedlich gebunden wird. Wenn sie aufs Feld gehen, tragen sie ihre Habseligkeiten in Bündeln auf dem Kopf. Die *cheroot*, die birmanische Zigarre, ist bei Männern wie Frauen gleichermaßen beliebt.

RECHTS: MOE KAING, 16,
STUDENTIN, BAMAR.
MOKSOBO, MYANMAR.

In der Erntezeit im Januar helfen die Studenten ihren Eltern beim Abernten der Reisfelder, die die Provinz Sagaing in ein einziges goldfarbenes Feld verwandeln. Moe Kaing trägt hier den Korb, in dem sie den Reis zum Worfelplatz brachte, wo ihre Schwester die Spreu von den Körnern trennt.

MA PAW NYEIN, 17; UND MA OHNMAR, 17; BAUARBEITERINNEN, BAMAR. SAGAING, MYANMAR.

Ma Paw Nyein und Ma Ohnmar trugen Ziegelsteine zu einem Bauplatz in Sagaing. Wie in anderen südostasiatischen Ländern teilen sich auch in Myanmar Frauen und Männer körperlich anstrengende Arbeiten. Thanaka, die gelbe Gesichtspaste, verschönt das Gesicht und schützt die Haut vor der Sonne. Blasse Gesichter gelten als schön.

RECHTS: NATAMI, 45, LISU. PAIN PYIT, MYANMAR.

Natami ist mit einem Lisu-Bauern verheiratet. Sie kehrte gerade vom Brennholzsammeln nach Hause zurück. Da die Berge im Osten Mogoks schon zum größten Teil abgeholzt sind, ist das Holzsammeln oft mit tagelangen Fußmärschen verbunden.

MABAI, 25, PADAUNG.
HUAY PU KANG, THAILAND.

Mabai gehört zur letzten Generation der echten »Giraffen-Frauen«, auch wenn man noch immer fünfjährige Mädchen sieht, die bereits ihre ersten Messingringe tragen.

VON LINKS NACH RECHTS:
MA KUTAMA, 30;
MA NANTHA THIRI, 17;
MA SAWANA, 26; UND
MA KELADI, 9 (MITTE);
BUDDHISTISCHE NONNEN.
SAGAING, MYANMAR.

Ma Kutama, Ma Nantha Thiri, Ma Sawana und Ma Keladi sind Nonnen in einem kleinen Nonnenkloster, das im Schatten riesiger Bäume am Hang des Sagaing-Tales liegt. Die kleine Ma Keladi kommt aus einer großen Familie und wurde im Alter von sechs Jahren ins Kloster gebracht.

NAUE, 18; UND NAKA, 17;
LAHU. JABO, THAILAND.

Naue und Naka tragen zwar noch die Nationaltracht, doch diese Tradition wird wahrscheinlich das im letzten Jahrzehnt stark beschleunigte Vordringen der modernen Welt nicht überdauern. Nun besuchen Touristen ihr Dorf und industriell gefertigte Güter verdrängen langsam jene, die früher die Menschen ihrer Gemeinde selbst von Hand fertigten.

OEJE, 80, WEISSER KARE. BAN HUEY KAW, THAILAND.

Oeje ist ein Weißer Kare und lebt in Thailand nicht weit von der Grenze zu Myanmar. Das Heimatgebiet der Karen liegt in den Bergen zu beiden Seiten der Grenze. Die Tätowierungen auf seinen Armen sind nicht nur Verzierungen, sondern sollen dem Träger auch besondere Kräfte verleihen und böse Geister fern halten.

LINKS: JAE DAETUO, 58,
BAUER, HMONG.
DOI PUI, THAILAND.

Jae Daetuo ist ein Hmong-Bauer aus den Bergen im Norden Thailands. Die Hmong sind entlang der ganzen Bergkette zu finden, die sich von Myanmar durch Thailand und Laos bis nach Vietnam zieht. Viele haben eine Identitätskrise, was ihr nationales Selbstverständnis betrifft.

LAU CHENG SAE TUNT, 61,
JÄGER, HMONG.
DOI PUI, THAILAND.

Lau Cheng Sae Tunt ist ein sesshaft gewordener Hmong. Sein Volk, das man auch in Laos und Vietnam findet, war aktive Kriegspartei im Vietnamkrieg. Viele Hmong mussten nach Kriegsende fliehen und ließen sich schließlich in den Vereinigten Staaten nieder.

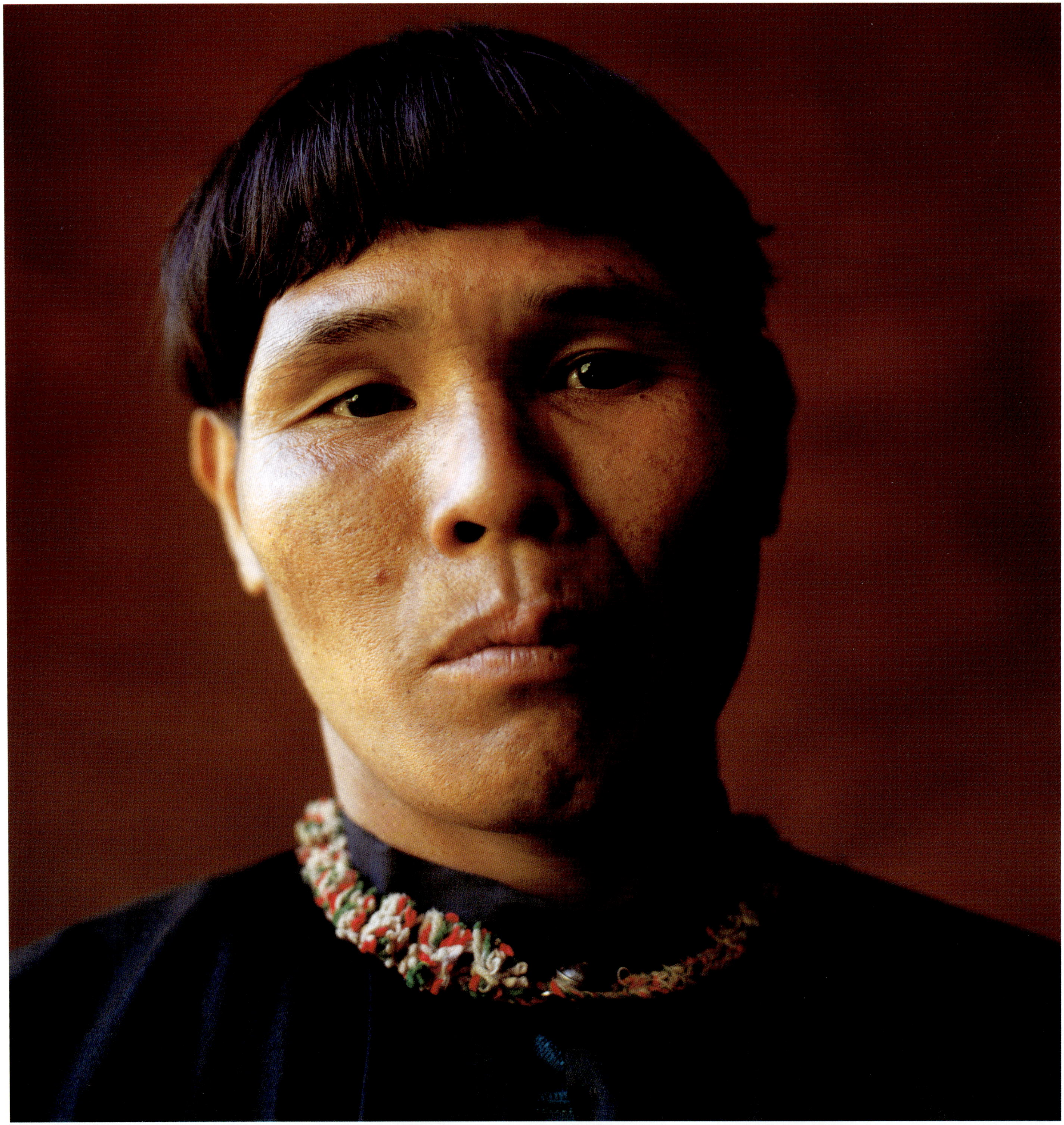

DADA, 40, BAUER, LAHU.
JABO, THAILAND.

Zusammen mit seiner Frau bearbeitet Dada das kleine Stück Land, das seine Familie ernährt. Sie leben in einem abgelegenen Dorf in den Bergen Nordthailands. Für sie ist es praktisch unmöglich, etwas mehr Geld als das zu verdienen, was sie mit dem Verkauf ihres geringen landwirtschaftlichen Überschusses erzielen.

CHUN, 63, BAUER, LAHU.
JABO, THAILAND.

Chun lebt noch immer wie seine Vorväter. Die meisten älteren Lahu schätzen das einfache Leben. Wie ihre Vorfahren glauben sie an eine lebende Gottheit mit magischen Kräften, die die Natur belebt und die sie um Hilfe anrufen können.

PENG, 13; UND LI SAE YOUING, 12; HMONG. DOI PUI, THAILAND.

Peng und Li Sae Youing leben in den Bergen Nordthailands. Ihre Lieblingsbeschäftigung ist es, mit ihrem selbstgebauten Gokart auf den holprigen Wegen durch ihr Dorf zu fahren.

VON LINKS NACH RECHTS:
NAPHO, 7; JAKA, 59;
UND KANJANA, 9;
LAHU. JABO, THAILAND.

Jaka, ein Lahu-Bauer, ist stolz auf seine Töchter Napho und Kanjana. Jaka ist noch in der Stammestradition aufgewachsen, aber seine Kinder besuchen eine staatliche Schule.

JAHRHUNDERTE LANG WAREN DIE STÄMME DES GOLDENEN DREIECKS AUF WANDERSCHAFT – AUF EINER LANGSAMEN WANDERUNG, BEI DER JEDE GENERATION IMMER EIN STÜCK WEITER NACH SÜDEN GELANGTE. NUN IST DIESE WANDERUNG ABRUPT ZUM STILLSTAND GEKOMMEN. DAMIT BRICHT DAS FIRMAMENT, DAS IHRE WELT ÜBERSPANNTE, ÜBER IHNEN ZUSAMMEN UND BEGRÄBT IHRE IDENTITÄT UND IHREN URSPRÜNGLICHEN LEBENSSTIL FÜR IMMER UNTER SICH.

MOEMOE, 72, AKHA.
BAN KOAE, THAILAND.

Moemoe lebt in Ban Koae auf der thailändischen Seite der Grenze zu Myanmar. Zu ihrem Dorf führt keine Straße; was sie brauchen, wird auf Pferden und Mauleseln transportiert. Moemoe hat ihr Zuhause auf dem Berggipfel nur selten verlassen. Wie viele ihres Alters raucht sie täglich ihre Opiumpfeife.

TORTARE, 38;
UND NOSHISHI, 50;
WEISSE KAREN.
BAN HUEY KAW,
THAILAND.

Die Weißen Karen aus dem Norden Thailands werden auch Sgaw-Karen, »die Karen der Berge«, genannt. 70 000 Sgaw leben in Thailand. Die Mehrheit der Karen, rund 2,7 Millionen, lebt in Myanmar. Wenngleich der Krieg der Karen gegen die Regierung von Myanmar noch andauert, bleiben den thailändischen Karen die verheerenden Kriegseinwirkungen erspart, unter denen ihre Vettern auf der anderen Seite der Grenze zu leiden haben.

JAMSUI, 45, BAUER, WEISSER KARE. BAN HUEY KAW, THAILAND.

Die Karen sind ein überwiegend christlicher Stamm in den beiden streng buddhistischen Ländern Thailand und Myanmar. Jahrelang kämpften die Karen in Myanmar für ihren eigenen unabhängigen Staat. Jamsuis Generation hat am meisten unter den Folgen dieses Konflikts zu leiden.

ALEMO, 37, AKHA.
BAN KOAE, THAILAND.

Alemo trägt die Nationaltracht der Akha, ihr fehlt lediglich die typische konisch geformte Kopfbedeckung. Sie kam von den Feldern mit einem Korb voll frisch geschnittenem Getreide zurück. Trotz der Armut der Akha ist ihre Nationaltracht eine der farbenprächtigsten in Thailand.

MICHU, 30, AKHA.
BAN KOAE, THAILAND.

Michu ist eine verheiratete Akha-Frau, sie ist gezeichnet vom harten Leben der Bergstämme Nordthailands. Die Frauen nähen ihre Kleider mit großer Sorgfalt. Auf den Märkten in den Tälern erkennt man sie sofort an ihrem Silberschmuck und ihrer typischen Kopfbedeckung.

GEGENÜBER: YIN LIN, 22; FANG YEN, 30; UND NAI CHING, 30; YAO. HUEY CHOMPHOO, THAILAND.

Yin Lin, Fang Yen und Nai Ching kommen aus dem Dorf Huey Chomphoo in den Bergen nördlich von Chiang Mai. Die Yao unterhalten immer noch enge Beziehungen mit Teilen ihres Volkes in Südchina. Bei ihren vielen fröhlichen Dorffesten wird in alter chinesischer Tradition immer ein Schwein geschlachtet.

FANG YEN, 30, YAO. HUEY CHOMPHOO, THAILAND.

Fang Yen trägt die Nationaltracht der Yao. Zu ihrem Dorf führt mittlerweile eine Straße, die es mit der Welt jenseits der Berge verbindet. In einem kleinen Laden kann sie nun auch die Materialien zur Herstellung ihrer Kleidung kaufen.

GÜNTER PFANNMÜLLER FOTOGRAFIERT IN HUAY PU KANG ZWEI PALAUNG-FRAUEN.

WILHELM KLEIN MIT JUNGEN MÖNCHEN IM MAHA-GHANDA-KLOSTER, AMARAPURA.

Übersetzt von Heike Rosbach.

Deutsche Erstausgabe. 1. Auflage, April 2002.

Die amerikanische Originalausgabe erscheint unter dem Titel »In Search of Dignity« bei Aperture Foundation, Inc., New York.

Bei Aperture haben an »In Search of Dignity« mitgearbeitet:
Michael E. Hoffman, Verleger und Herausgeber; Phyllis Thompson Reid, Lektoratsleitung; Stevan A. Baron, V. P., Herstellung; Lisa A. Farmer, Herstellungsleitung; Michelle Dunn Marsh, Design; Meredith Coeyman, Lektoratsassistenz.

Lektorat der deutschen Ausgabe: Ekkehard Kunze (Büro W, Wiesbaden).
Satz und herstellerische Betreuung der deutschen Ausgabe: Johannes Paus (Dieter Kohler GmbH, Nördlingen).

Printed and bound by Sing Cheong Printing, Co. Ltd., Hong Kong.

Dieses Buch gibt es nur bei Zweitausendeins im Versand, Postfach, D-60381 Frankfurt am Main, Telefon 069-420 8000, Fax 069-415 003. Internet www.Zweitausendeins.de,
E-Mail info@Zweitausendeins.de.
Oder in den Zweitausendeins-Läden in Berlin, Düsseldorf, Essen, Frankfurt am Main, Freiburg, 2× in Hamburg, in Hannover, Köln, Mannheim, München, Nürnberg, Saarbrücken, Stuttgart.

In der Schweiz über buch 2000, Postfach 89, CH-8910 Affoltern a. A.
ISBN 3-86150-433-2